Bajki
po polsku
i po angielsku

Bajki
po polsku
i po angielsku

Papilon

Tekst polski na podstawie baśni H.Ch. Andersena, Ch. Perraulta oraz J. i W. Grimm – Anna Sójka-Leszczyńska
(Jaś i Małgosia, Królowa Śniegu, Mała syrenka),
Mariusz Zakrzewski (Calineczka, Brzydkie kaczątko, Czerwony Kapturek,
Czterej muzykanci z Bremy, Dziewczynka z zapałkami)

Tekst angielski – Anita Pisarek (Jaś i Małgosia, Królowa Śniegu, Mała syrenka),
Mariusz Zakrzewski (Calineczka, Brzydkie kaczątko, Czerwony Kapturek,
Czterej muzykanci z Bremy, Dziewczynka z zapałkami)

Weryfikacja językowa wersji anglojęzycznej – Anita Pisarek (Jaś i Małgosia, Królowa Śniegu, Mała syrenka),
Alfred Graham (Calineczka, Brzydkie kaczątko, Czerwony Kapturek,
Czterej muzykanci z Bremy, Dziewczynka z zapałkami)

Korekta tekstu polskiego – Dorota Ziółkowska (Jaś i Małgosia, Królowa Śniegu, Mała syrenka)

Ilustracje – Dorota Fic, Andrzej Hamera, Dominik Samol
Projekt okładki – Zbigniew Wera
Opracowanie graficzne - Marek Nitschke

ISBN 978-83-60709-58-0
ISBN 978-83-60709-55-9

Papilon Sp. z o. o.
ul. Polna 46/7
00-644 Warszawa

Dawno, dawno temu...
Once upon a time...

it's snowing [ɪtˈz snəʊɪŋ] pada śnieg	**roof tile** [ruːf taɪl] dachówka	**bright** [braɪt] jasno	**dark** [daːk] ciemno

Królowa Śniegu

W pewnym mieście mieszkali chłopiec i dziewczynka – Kay i Gerda. I choć nie byli rodzeństwem bardzo się kochali. Kiedyś babka opowiedziała im historie o Królowej Śniegu:
– Jest zimna jak lód. Przybywa wraz z zimą. Zagląda do okien i rysuje na szybach tajemnicze wzorki.

wax [wæks]
wosk

candlestick ['kændlstik]
lichtarz

pane [peɪn]
szyba

write [raɪt]
pisać

The Snow Queen

In a certain town there lived a boy
and a girl – Kay and Gerda. Although
they were not siblings they loved each
other very much. One day
a grandmother told them a story about
Snow Queen:
'She is as cold as ice. She comes with
winter. Sometimes she looks through
windows and draws mysterious
patterns on panes.'

ink-bottle [ɪŋk ˈbotl]
kałamarz

quillpen [kwɪl pen]
gęsie pióro

book [bʊk]
książka

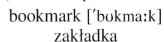
bookmark [ˈbʊkmaːk]
zakładka

– A ja się wcale nie boję! – zawołał Kay. Ale gdy wieczorem spadł pierwszy śnieg i chłopiec zbliżył się do okna, zobaczył śnieżnobiałą damę w koronie z sopli lodu. To była Królowa Śniegu! Gdy spojrzał na nią, coś ukuło go w oko. Był to odłamek diabelskiego lustra. Odtąd to, co dobre, wydawało mu się głupie, stał się złośliwy i zarozumiały. Nie chciał bawić się z Gerdą.

sleigh [sleɪ]
sanie

runner [ˈrʌnər]
płozy

fountain [ˈfauntɪn]
fontanna

queen [kwiːn]
królowa

'I'm not scared at all!' cried out Kay. But in the evening when the first snow appeared he saw a snow-white lady with a crown made of icicle. There was the Snow Queen! When he looked at her something hit him in the eye. It was a piece of diabolic mirror. Since then everything good seemed stupid for him and he became malicious and vain. He did not want to play with Gerda any more.

jewel ['dʒuəl]
klejnot

grandmother
['grænmʌðə(r)]
babcia

read [riːd]
czytać

freeze [friːz]
zamarzać

Pewnego dnia chłopiec wziął sanki i pobiegł na plac, na którym dostrzegł ogromne białe sanie. Przywiązał do nich swoje saneczki a zaprzęg ruszył. Gdy przystanął, z białych sań wychyliła się Królowa Śniegu! Zaprosiła Kaya do siebie. Gdy pocałowała go w czoło, Kay zapomniał zupełnie o Gerdzie i popędzili dalej do krainy wiecznego śniegu.

belt [belt]
pasek

house [haʊs]
dom

buckle [ˈbʌkl]
klamra

face [feɪs]
twarz

One day the boy took his sledge and run
to the square where he saw a great, white sleigh.
He fastened his own little sledge to it and the cart
set off. When they stopped the Snow Queen rose
up from the white sleigh! She asked Kay to come
to her. When she kissed him in the forehead Kay
forgot Gerda and they went away to the land
of everlasting snow.

sledge [sledʒ]
sanki

nose [nəuz]
nos

lips [lɪpz]
usta

siblings [ˈsɪblɪnz]
rodzeństwo

Gerda wyruszyła na poszukiwanie przyjaciela,
ale o chłopcu wszelki słuch zaginął. Któregoś dnia
napotkała wielką czerwoną wronę:
– Chyba widziałam twojego Kaya – powiedziała
i zaprowadziła Gerdę do zamku. Mieszkający tam
chłopiec nie był Kayem, lecz księciem, który okazał
się bardzo miły i gościnny. Podarował Gerdzie ciepłe
buty, płaszczyk i karetę. Dziewczynka pojechała dalej.

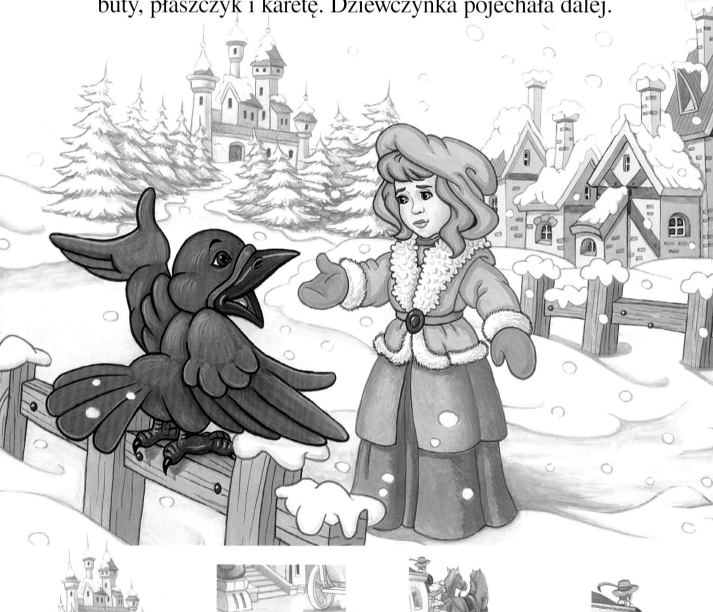

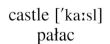

castle [ˈkaːsl]
pałac

square [skweə(r)]
plac

cart [kaːt]
zaprzęg

coachman [ˈkəʊtʃmən]
woźnica

In a forest robbers attacked the carriage but Gerda
was saved by the chef– robber's daughter. Little
robber-girl wanted to have a friend to play
with. Gerda's story made her very sad.
'I will help you. Take my reindeer.'
And with her help Gerda left the place.
At some point reindeer
stopped.'Now you have
to go by your own.
I'm not allowed to enter
the ice kingdom.'

travel ['trævl]
podróżować

shine [ʃaɪn]
świecić

walk [wɔk]
chodzić

hang [hæŋ]
wisieć

Gerda ruszyła dalej. Jej oczom ukazał się pałac cały
zbudowany z kryształków lodu. Weszła do środka.
Wszędzie panował chłód. W największej sali znalazła
Kaya, rzuciła mu się na szyję, ale on spojrzał na nią
niewidzącym wzrokiem. Rozpłakała się, a jej gorące
łzy roztopiły lód w sercu Kaya.
– Kochana Gerda! – szepnął
i zapłakał, a ze łzami wypłynął
odłamek lustra.
Królowa Śniegu straciła władzę nad
Kayem. Dzieci wróciły do domu.
Radości wszystkich nie było końca.

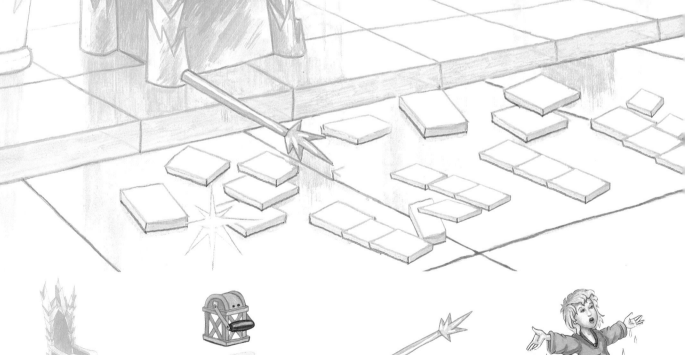

throne [θrəʊn]	reflection [rɪˈflekʃən]	magic wand ['mædʒɪk wond]	wet [wet]
tron	odbicie	czarodziejska różdżka	mokre

Gerda moved forward. Then she saw a palace made of pieces of ice. She went inside. There was ice-clod everywhere. In the biggest room she found Kay and hugged him but he looked at her not seeing her at all. The girl cried and her warm tears dissolved ice in Kay's heart.

'Dearest Gerda' whispered Kay and cried and when he was crying the piece of diabolic mirror fell out form his eye. Now the Sown Queen lost her power over Kay. The children came back home. There was no end to their joy.

hug [hʌg]
przytulać

piece [piːs]
kawałek

kiss [kɪs]
całować

stand [stænd]
stać

Mała syrenka

Dawno temu na dnie morza mieszkały piękne syreny.
Pewnego razu najmłodsza z nich znalazła we wraku
zatopionego statku wykuty z marmuru posąg
młodego chłopca i zapragnęła poznać ludzi. Starsze
siostry mówiły jej: – Ludzie są źli a zamiast ogona
mają nogi, więc nie potrafią tak pływać jak my
i umierają zanim dożyją stu lat.

mermaid [ˈməːmeɪd]
syrenka

seaweed [ˈsiːwiːd]
wodorosty

long [lɔŋ]
długie

blonde hair [blond heə(r)]
włosy blond

The Little Mermaid

In the old days beautiful mermaids lived at the bottom of the sea. One day the youngest found a statue of a young boy in a wreck of a ship and then she wished to meet people. The elder sisters told her: 'People are bad and instead of a tail they have legs so they are not able to swim as good as we are and they die before they live to be one hundred years old.'

rudder [rʌdə(r)]
ster

gold coins ['gəuld kɔɪnz]
złote monety

treasure ['treʒə(r)]
skarb

purple ['pə:pl]
fioletowy

Mała syrenka nie wierzyła im jednak. Wymknęła się z pałacu i wypłynęła na powierzchnię. Z zachwytem przyglądała się nieznanemu światu. Nagle na morzu pojawił się wielki żaglowiec. Syrenka popłynęła za nim. Ludzie na statku wiwatowali z okazji urodzin młodego księcia. Syrence wydawało się, że to jego posążek znalazła.

 fireworks ['faɪəwɔːkz]
sztuczne ognie

 sail [seɪl]
żagiel

rock [rok]
skała

 celebrate ['selɪbreɪt]
świętować

But the little mermaid did not believe them. She slipped away from a palace and swam out on the surface of the sea. She was looking with admiration at the unknown world. Suddenly a big ship appeared on the sea. The mermaid went after him. People on the ship cheered on the occasion of the birthday party of the young prince. The mermaid thought it was his statue she had found.

wait [weɪt]
czekać

grey [greɪ]
szary

ship [ʃɪp]
statek

beach [biːtʃ]
plaża

Nagle zerwała się burza. Piorun trafił w pokład
i żaglowiec zaczął tonąć. Widząc, co się dzieje,
syrenka popłynęła księciu na ratunek. Objęła
nieprzytomnego chłopca i skierowała się do
brzegu. Położyła młodzieńca na piasku i skoczyła
do wody. Kiedy książę się ocknął, zobaczył
pochylającą się nad nim inna dziewczynę
i to ją uznał za swoją wybawicielkę.

wreck [rek]
wrak

shred [ʃred]
strzępy

mast [maːst]
maszt

fishing net [ˈfɪʃɪŋ net]
sieć rybacka

Suddenly a storm started. The lighting hit the ship and it started sinking. Seeing what was happening the mermaid swam to help the prince. She embraced him and they went to the shore. She laid the young man on the sand and went back to the water. When the prince woke up he saw another girl bending over him and he thought she must have been his savior.

starfish ['stɑːfɪʃ]
rozgwiazda

pebble ['pebl]
kamyk

unconscious [ʌnˈkonʃəs]
nieprzytomny

vase [vɑːz]
wazon

Syrenka nie mogła jednak zapomnieć o księciu. Postanowiła pójść po radę do czarownicy.
– Podaruję Ci nogi i pozbawię ogona, ale musisz mi za to oddać swój piękny głos. Pamiętaj też, że stracisz nieśmiertelność. Jeśli książę nie odwzajemni twej miłości i ożeni się z inną, zamienisz się w morską pianę – powiedziała czarownica.

pimples ['pɪmplz]
krosty

claws [klɔːz]
pazury

bubble ['bʌbl]
bąbelek

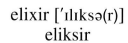

elixir ['ɪlɪksə(r)]
eliksir

But the mermaid could not forget the prince. She decided to go for help to a witch.

'I'll give you legs and take off the tail but you have to give me your voice instead. Remember that you'll also loose your immortality. If the prince don't love you and marry the other you'll become a sea-foam' said the old lady.

sea horse [si hoːs]
konik morski

fish [fɪʃ]
ryba

pearl [pəːl]
perła

anger [ˈæŋgə(r)]
złość

Syrenka wypiła łyk czarodziejskiego napoju i zapadła w sen. Gdy się obudziła zobaczyła obok siebie swojego księcia. – Fale wyrzuciły cię na brzeg – powiedział – ja także kiedyś omal nie zginąłem w morzu. Uratowała mnie pewna dziewczyna. Za kilka dni odbędzie się nasz ślub. Mam nadzieję, że weźmiesz w nim udział?

Syrence zdawało się, że pęknie jej serce. Po weselu wyszła na opustoszały pokład statku i zaczęła płakać.

flag [flæg]
flaga

peg [peg]
kołek

chain [tʃeɪn]
łańcuch

brown [braun]
brązowy

The mermaid took a sip of elixir and immediately fell asleep. When she woke up she saw that her prince was next to her.

'The sea threw you to the shore' he said. 'I also almost died on the sea. Some girl saved me. In a couple of days we'll be married. I hope you'll come?'

The mermaid thought her hearth would break into pieces. After the wedding she went on a deck and started crying.

coast [kəust]
brzeg

castle ['kaːsl]
zamek

gate [geɪt]
brama

tower ['tauə(r)]
wieża

Słysząc jej szlochanie, z fal wynurzyły się siostry.
– zabij księcia, a odzyskasz swój ogon i będziesz
mogła wrócić do podwodnego królestwa – radziły.
Ściskając sztylet w dłoni, syrenka udała się do pokoju
nowożeńców. Gdy jednak spojrzała na śpiącą parę
zrozumiała, że nie potrafi zniszczyć ich szczęścia.
Następnego ranka zamieniła się w morską pianę.

crown [kraun]
korona

knife [naɪf]
nóż

lantern ['læntən]
latarnia

black [blæk]
czarny

Her sisters heard her crying and emerged from the sea.
'Kill the prince and you'll have your tail again
and you'll be able to come back to the underwater
kingdom' – they advised.
She took a knife and went to the room where
the newlyweds were sleeping. But when she looked
at them she understood that she could not break
their happiness.
The day after she became the sea-foam.

shield [ʃild]
tarcza

shell [ʃel]
muszla

wave [weɪv]
fala

sand [sænd]
piasek

Jaś i Małgosia

Za siedmioma górami, za siedmioma
rzekami, w leśnej chatce żyło sobie
rodzeństwo – Małgosia i Jaś. W okolicy
panowały bieda i głód. Mimo to dzieci były
szczęśliwe i chętnie pomagały rodzicom.
Często chodziły z ojcem drwalem
do lasu i wracały z koszykiem
pełnym jagód albo grzybów.

berries ['berıs]
jagody

fern [fə:n]
paproć

friendly ['frendli]
przyjazny

trunk [trʌŋk]
pień

Hansel and Gretel

Far, far away in a little house in a forest lived
a brother and a sister – Hansel and Gretel.
There were hunger and poverty in a neighbourhood.
In spite of that children were happy and helped
their parents with joy.
They often went with their father who was
a woodcutter to the forest and they came back
with a basket fool of berries and mushrooms.

woodcutter [ˈwudkʌtə(r)]
drwal

axe [æks]
siekiera

straw [strɔː]
słoma

little house [ˈlɪtl haus]
chatka

Pewnego razu zgubiły się
wracając do domu. Zapadł zmrok
i wiał silny wiatr. W dali słychać było
wycie wilków. Przerażone dzieci przytuliły
się do siebie i tak czekały świtu. Rankiem
zobaczyły na skraju polany domek. Gdy podeszły
bliżej, odkryły, że zbudowano go z … piernika!

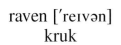

raven ['reɪvən]
kruk

bow [baʊ]
kokarda

pinafore ['pɪnəfɔː(r)]
fartuszek

talk [tɔːk]
rozmawiać

One day they lost their way while walking back home. The darkness fell and the strong wind started blowing. You could hear the wolfs' howling in the distance. The children hugged for aghast and waited for the morning to come. In the morning children saw a little house on a fringe of a glade. When they came closer they saw that it was build of honey-cake.

stalk [stɔːk]
łodyga

plait [plæt]
warkocz

show [ʃəu]
wskazywać

brown hair [braun heə(r)]
ciemne włosy

Wygłodniałe, nie mogły oderwać wzroku
od pokrytych malinowym lukrem ścian,
połyskujących smakowicie landrynkowych
dachówek i przystrojonych puszystą śmietaną
lodów w ogródku. W końcu nie wytrzymały
i odłamały kawałek pachnącego miodem ciasta.

 whipped-cream
[wɪpt kriːm]
bita śmietana

 ice-cream [aɪs kriːm]
lody

 heart [haːt]
serce

 cake [keɪk]
ciastko

Being hungry they could not stop looking at the walls covered with the raspberry icing, shining savory tiles made of fruit drops and the ice-creams with whipped-cream standing in the garden. At last they could not bear it and broke off a little bit of cake.

cobweb ['kobweb]
pajęczyna

broom [bru:m]
miotła

tooth [tu:θ]
ząb

chest [tʃest]
skrzynia

Wtem zaskrzypiały drzwi i w progu ukazała się staruszka. Uśmiechnęła się życzliwie i zaprosiła dzieci do środka. Gdy znaleźli się w izbie dostrzegli, że kobieta w rzeczywistości była okropną, starą wiedźmą. – No, wreszcie trafił mi się smaczny kąsek! – zawołała śmiejąc się i chciała natychmiast zjeść maluchy. Po chwili namysłu powiedziała jednak:

– Ale ty, bratku, jesteś za chudy, muszę cię trochę podtuczyć. I zamknęła Jasia w ciemnej komórce. Dziewczynce kazała natomiast sprzątać w chatce i gotować jedzenie dla brata.

clean [kli:n]
sprzątać

prison ['prɪzn]
więzienie

lock up [lok ʌp]
zamknąć

tub [tʌb]
balia

Suddenly the door opened with a cracking noise
and an old lady appeared on the doorstep.
Smiling kindly she asked children to come inside.
Hardly had they come inside they realized that
in real she was the ugly, old witch. 'At last I've got
a tasty bit!', she called laughing and she wanted
to eat children immediately. But after a moment
of thinking she said:
'Little boy you are too
thin and I'll have
to fatten you up
a little.' And she
locked Hansel
in the dark closet.
The girl was
asked to clean
the little house
and cook food
for her brother.

bowl [bəul]
miska

table ['teɪbl]
stolik

padlock ['pædlok]
kłódka

bar [baː(r)]
krata

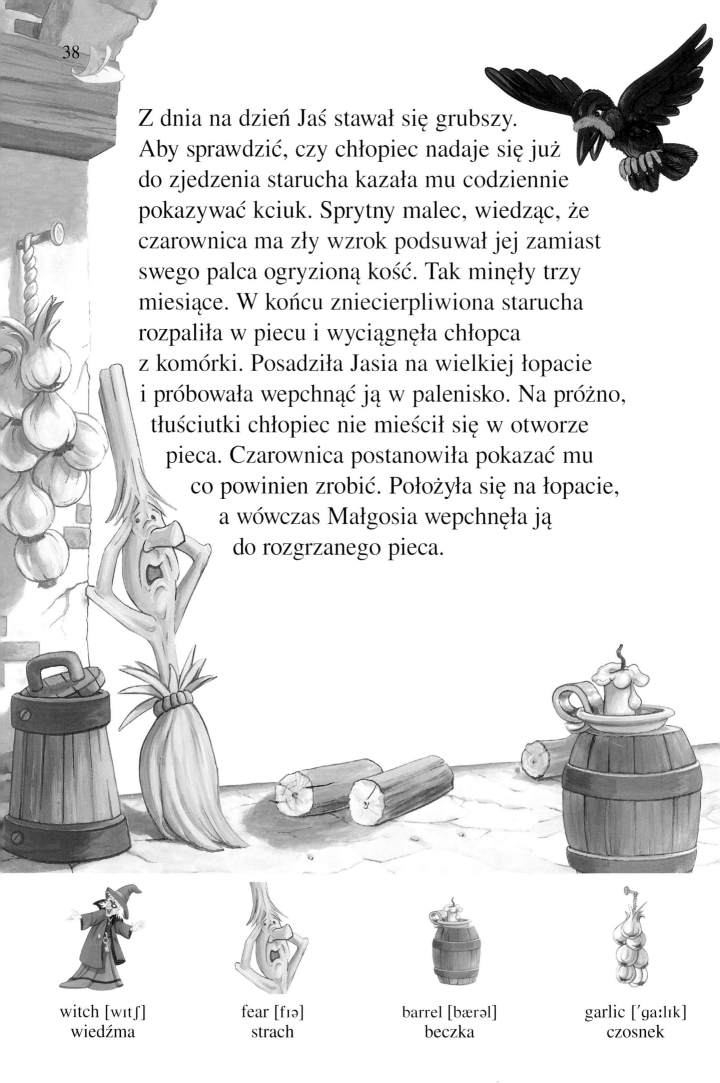

Z dnia na dzień Jaś stawał się grubszy.
Aby sprawdzić, czy chłopiec nadaje się już
do zjedzenia starucha kazała mu codziennie
pokazywać kciuk. Sprytny malec, wiedząc, że
czarownica ma zły wzrok podsuwał jej zamiast
swego palca ogryzioną kość. Tak minęły trzy
miesiące. W końcu zniecierpliwiona starucha
rozpaliła w piecu i wyciągnęła chłopca
z komórki. Posadziła Jasia na wielkiej łopacie
i próbowała wepchnąć ją w palenisko. Na próżno,
tłuściutki chłopiec nie mieścił się w otworze
pieca. Czarownica postanowiła pokazać mu
co powinien zrobić. Położyła się na łopacie,
a wówczas Małgosia wepchnęła ją
do rozgrzanego pieca.

witch [wɪtʃ]
wiedźma

fear [fɪə]
strach

barrel [bærəl]
beczka

garlic ['gaːlɪk]
czosnek

From day to day Hansel was becoming fatter.
To check if the boy was ready to be eaten the old lady asked him every evening to show a thumb. But clever boy knowing that the witch did not see very well showed a little, bitten off bone instead of his finger. Three months passed away. At last the old lady lost her patience, heated the oven and took the boy from the closet. She put Hensel on the big shovel and tried to put him in the oven. In vain. The boy was too fat to be put in the oven. The witch decided to show him what he should do. When she laid herself down on the shovel Gretel pushed her directly to the hot oven.

stove [stəuv]
piec

shovel ['ʃʌvl]
łopata

push [puʃ]
pchać

lid [lɪd]
pokrywka

– Uciekamy! – krzyknęła dziewczynka, chwytając przestraszonego braciszka za rękę. Dzieci szybko wybiegły z piernikowej chatki i pognały w stronę lasu. Zaprzyjaźnione zwierzęta pomogły im znaleźć drogę do domu, gdzie czekali stęsknieni rodzice. W maleńkiej chatce na nowo zagościł uśmiech, zaś o wstrętnej czarownicy nikt już więcej nie słyszał.

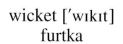
wicket ['wɪkɪt]
furtka

run [rʌn]
biec

petal [petl]
płatek

waistcoat ['weɪs(t)kəʊt]
kamizelka

'Let's run!' shouted the girl, taking her frightened brother by the hand.
The children run in a hurry form the honey-cake house and as fast as they could run to the forest.
Friendly animals helped them to find a way home where their longing parents were waiting.
There was again happiness in the small house and nobody ever heard anything about the ugly witch.

wing [wɪŋ]
skrzydło

run away [rʌn əˈweɪ]
uciekać

blouse [ˈblaʊz]
bluzka

dot [dot]
kropka

Calineczka

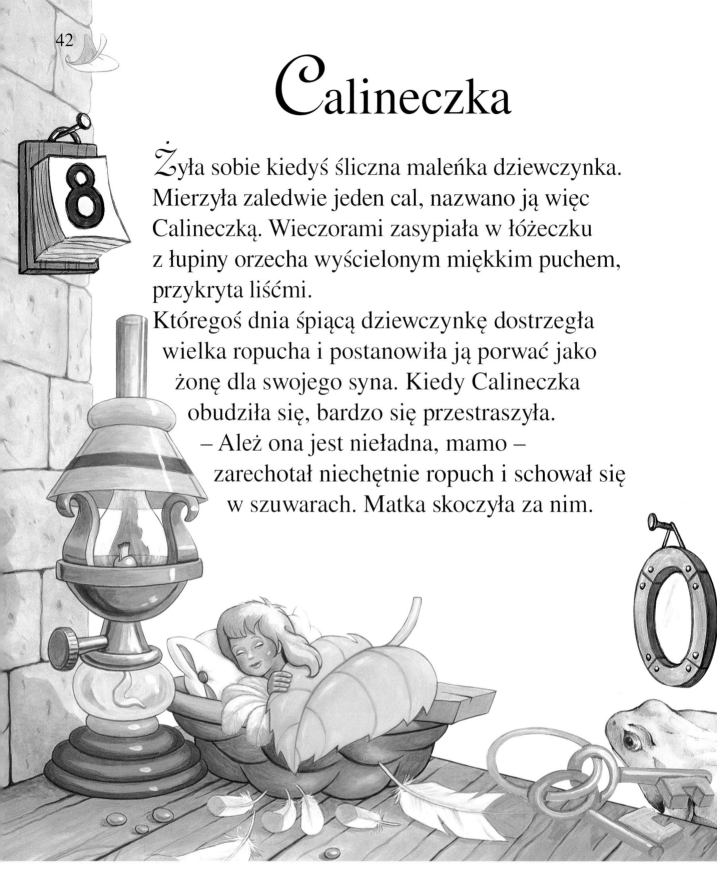

Żyła sobie kiedyś śliczna maleńka dziewczynka. Mierzyła zaledwie jeden cal, nazwano ją więc Calineczką. Wieczorami zasypiała w łóżeczku z łupiny orzecha wyścielonym miękkim puchem, przykryta liśćmi.

Któregoś dnia śpiącą dziewczynkę dostrzegła wielka ropucha i postanowiła ją porwać jako żonę dla swojego syna. Kiedy Calineczka obudziła się, bardzo się przestraszyła.

– Ależ ona jest nieładna, mamo – zarechotał niechętnie ropuch i schował się w szuwarach. Matka skoczyła za nim.

sleep [sliːp]
spać

keys [kiːs]
klucze

mirror ['mirə(r)]
lustro

calendar ['kælində(r)]
kalendarz

Thumbelina

There lived once a beautiful small girl. She was
scarcely half as long as a thumb so they gave her the
name of „Thumbelina". She slept at night in a bed
made of a walnut-shell padded with soft down
and she covered herself with leaves.
One day a large toad saw the sleeping girl
and thought that she would make a pretty wife for
her son. So she decided to kidnap the girl. When
Thumbelina woke up, she got very scared.
– Mother, she's so ugly! – the toad croaked
reluctantly and hid himself in rushes.
His mother jumped after him.

girl [gəː(r)l]
dziewczynka

snail [sneil]
ślimak

frog [frog]
żaba

water ['woːtə(r)]
woda

Gdy Calineczka została sama, z jej oczu popłynęły maleńkie łzy.

W pewnej chwili obok pojawił się piękny, kolorowy motyl.

– Pomóż mi – szlochała dziewczynka. – Nie wiem, jak wrócić do domu!

Motyl uśmiechnął się, a potem przewiązał się paskiem i polecił jej, żeby trzymała się go mocno. Wkrótce niósł już liść, na którym siedziała, w stronę brzegu.

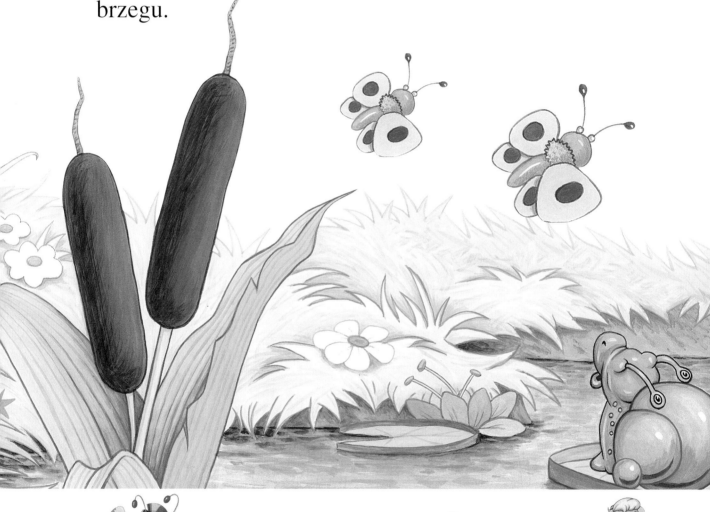

help [help]
pomagać

butterfly [ˈbʌtə(r)flai]
motyl

pink [piŋk]
różowy

sit [sɪt]
siedzieć

When Thumbelina was alone again, her eyes filled with tiny tears.

Suddenly a beautiful, colourful butterfly appeared next to her.

– Help me – the girl cried. – I don't know how to come back home!

The butterfly smiled, then he tied the belt round his waist and told the girl to hold on to him. Soon he was carrying the leaf with Thumbelina sitting on it, towards the shore.

hold [hould]
trzymać

hair [heə(r)]
włosy

leaf [li:f]
liść

smile [smail]
uśmiechać się

Nagle nadleciał wielki chrabąszcz i porwał
Calineczkę na drzewo.
– Buu, bzz – bzykały inne owady z niesmakiem. –
To nie jest odpowiednia żona dla ciebie. Ma za mało
skrzydeł i nóg!
Chrabąszcz posadził więc dziewczynkę na łące
i odfrunął.
Calineczka wiodła teraz samotne życie. Piła
kwiatowy nektar i rosę, sypiała pod liściem łopianu.

seeds [siːdz]
nasiona

chafer [ˈtʃeifə(r)]
chrabąszcz

meadow [ˈmedou]
łąka

white [wait]
biały

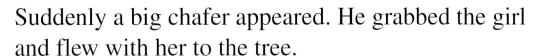

Suddenly a big chafer appeared. He grabbed the girl and flew with her to the tree.

– Buzz, buzz – the other insects were buzzing with disgust. – She is not a suitable wife for you. She has not enough wings nor legs!

The chafer placed the girl on a meadow and flew away. Thumbelina lived now a lonely life. She was drinking nectar and dew-drops, she was sleeping under a burdock leaf.

green [griːn]
zielony

yellow [ˈjelou]
żółty

blue [bluː]
niebieski

red [red]
czerwony

Wkrótce nastała sroga zima. W poszukiwaniu schronienia dziewczynka natknęła się na mysią norkę. Gospodyni chętnie przyjęła ją do siebie.

Pewnego razu Calineczkę i myszkę odwiedził czarny jak noc kret. Cały wieczór snuł nudne i ponure opowieści, a na koniec zaprosił sąsiadki do siebie. Gdy następnego dnia maszerowały w ciemnościach długim korytarzem do mieszkania kreta, znalazły martwą jaskółkę.

mouse [maus]
mysz

door [do:r]
drzwi

tail [teil]
ogon

letter box ['letə(r) boks]
skrzynka na listy

Soon severe winter came. Searching for a shelter, the girl came up against a mouse hole. The landlady took her in. One day a mole, as black as the night, paid Thumbelina and the mouse a visit. For the whole evening he was telling boring and gloomy stories. Finally the mole invited his neighbours to his place. And the next day, when they were walking in the darkness through a long passage leading to the mole's house, they found a dead swallow.

bell [bel]
dzwonek

stairs [steərz]
schody

mole [moul]
kret

barrel ['bærəl]
beczka

Widok ten przypomniał Calineczce szczęśliwe,
słoneczne lato. Po powrocie do mysiej norki
dziewczynka nie mogła zasnąć. Wymknęła się cichutko
i poszła przyjrzeć się ptakowi. Przytuliwszy się do
niego, wybuchnęła płaczem. Nagle usłyszała bicie jego
serca! Jaskółka wcale nie umarła, była tylko zupełnie
skostniała z zimna. Calineczka otuliła ptaka kołderką
z trawy i nakarmiła. Odtąd przychodziła tu potajemnie
co dnia, by pielęgnować przyjaciółkę.

board [bɔː(r)d]
tabliczka

basket ['baːskit]
koszyk

take care [teik keə(r)]
opiekować się

swallow ['swolou]
jaskółka

This sight reminded Thumbelina of a happy, sunny summer. When she came back to the mouse's den, she could not sleep. She slipped out quietly and went to look at the bird.

Snuggling up to the bird, she burst into tears. Suddenly she heard bird's heartbeat! The swallow was not really dead, he was only benumbed with the cold. Thumbelina wrapped the bird in a quilt made of grass and fed him. From now on, every day she was secretly coming here, to take care of her friend.

KRET

candle ['kændəl]
świeca

grass [graːs]
trawa

ground [graund]
ziemia

stone [stoun]
kamień

Gdy nadeszła wiosna, jaskółka odzyskała siły.

– Leć ze mną, Calineczko – mówiła, gotując się
do lotu. – Wrócisz na łąkę, będziesz znowu bawić się
z motylami.

– Chciałabym, ale nie mogę zostawić mojej opiekunki.
Była dla mnie taka dobra!

Jaskółka zatrzepotała skrzydłami i odfrunęła. Wkrótce
mysz oznajmiła dziewczynce, że kret poprosił o jej
rękę. Słysząc to, Calineczka wybiegła przed dom.
Za nic nie chciała zostać żoną nudnego kreta i spędzić
reszty życia pod ziemią,
bez słońca i kwiatów!

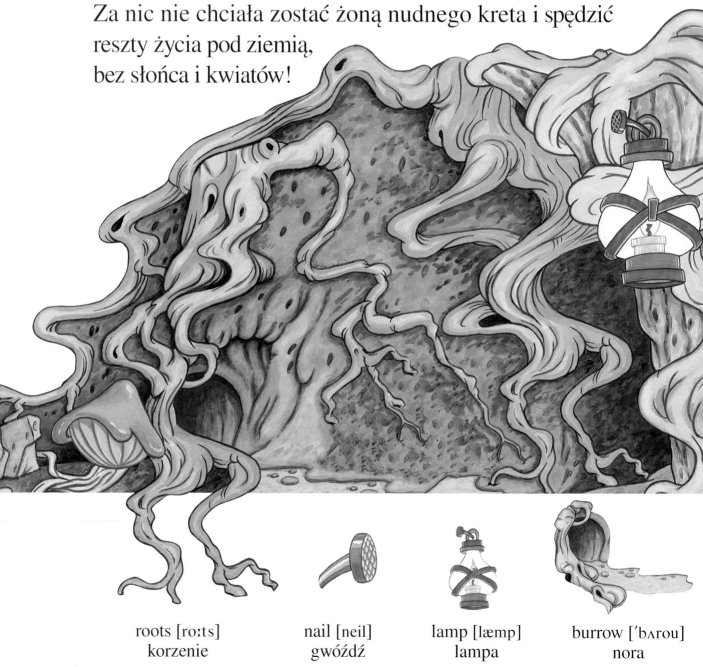

roots [roːts]
korzenie

nail [neil]
gwóźdź

lamp [læmp]
lampa

burrow [ˈbʌrou]
nora

When spring came the swallow regained his strength.
– Fly with me, Thumbelina – the swallow said, getting ready to fly. – You'll come back to the meadow, you'll play with butterflies again.
– I'd love to but I can't leave my caretaker. She's been so kind to me!
The swallow fluttered his wings and flew away.

Soon the mouse told the girl that the mole had asked for her hand. Hearing this Thumbelina ran out of the house. She did not want to become a wife of such a boring mole and to spend the rest of her life under the ground, without sun and flowers!

hat [hæt]
kapelusz

coat [kout]
płaszcz

glasses ['glɑːsəz]
okulary

flower ['flauə(r)]
kwiat

Wtem usłyszała znajomy głos:
– Leć ze mną! Leć ze mną za morze!
Tym razem dziewczynka nie zważała na groźby
myszy. Wskoczyła na grzbiet jaskółki i razem
poleciały do ciepłych krajów. Tam Calineczka została
żoną najpiękniejszego z elfów i żyła długo
i szczęśliwie.

river ['rivə(r)]
rzeka

mountain ['mauntin]
góra

bridge [bridʒ]
most

plant [plaːnt]
roślina

Suddenly she heard a familiar voice:
– Fly with me! Fly with me over the sea!
This time the girl ignored mouse's threats.
She jumped on the back of the swallow and they
flew away to warm countries. Over there Thumbelina
became a wife of the most beautiful of the elves
and lived happily ever after.

| sky [skai] | fly [flai] | mushrooms [ˈmʌʃruːmz] | cloud [klaud] |
| niebo | latać | grzyby | chmura |

Brzydkie kaczątko

Trrr... trrach! Pękały po kolei skorupki jajek. Mama kaczka radośnie spoglądała na wykluwające się żółciutkie jak kaczeńce pisklęta.

Pozostało jeszcze jedno, największe jajko.

– Lepiej zostaw je w spokoju, bo nic dobrego się z niego nie wykluje – ostrzegała przechodząca obok gęś.

egg [eg]
jajko

duck [dʌk]
kaczka

feather ['feðə(r)]
pióro

goose [guːs]
gęś

The Ugly Duckling

Crack, crack! The eggshells were breaking one by one. Mother duck was looking merrily on hatching nestlings, as yellow as cowslips.
Still there was one egg left, the biggest one.
– You better leave it alone, for nothing good will hatch from it – a passing by goose was warning her.

jug [dʒʌg]
dzbanek

speak [spiːk]
mówić

duckling [ˈdʌkliŋ]
kaczątko

bag [bæg]
torba

Kaczka była jednak uparta i wygodniej usadowiła
się na gnieździe. Wreszcie z jajka wykluło się
ostatnie pisklę. Było dziwnie duże i szare.
– Ojej, jaki on brzydki! – skrzywiły się kaczęta
na widok braciszka.
– A nie mówiłam! – zasyczała znowu gęś.
Słysząc to, biedny malec wybuchnął płaczem.
Wszyscy wokół mu dokuczali i nazywali
brzydkim kaczątkiem.

bucket ['bʌkit]
wiadro

brothers ['brʌðə(r)z]
bracia

umbrella [ʌm'brelə]
parasol

warn [woː(r)n]
ostrzegać

The duck was stubborn though, so she just seated herself on the nest. Finally the last nestling hatched from the egg. It was strangely big and grey.
– Oh, how ugly he is! – the ducklings frowned, seeing their brother.
– Didn't I tell you! – the goose hissed again.
When the poor kid heard this, he burst into tears. Everyone around was teasing him and calling him the „ugly duckling".

beak [biːk]
dziób

cry [krai]
płakać

sad [sæd]
smutny

mother ['mʌðə(r)]
matka

Pewnego dnia nie mógł już tego znieść
i wyruszył w świat.
Szedł i szedł, aż napotkał wiejską
zagrodę.
Nie znalazł tam jednak przyjaciół.

tree [triː]
drzewo

mill [mil]
młyn

window ['windou]
okno

boat [bout]
łódka

And then, one day, he couldn't stand it
any longer and went out into the world.
He was walking and walking. At last
he came to a farmstead.
He did not find friends there, though.

windmill ['win(d)mil]
wiatrak

wheel [wi:l]
koło

roof [ru:f]
dach

spots [spots]
kropki

Nastały chłodniejsze dni. Pewnego razu zobaczył pływające po stawie, niedaleko brzegu, ogromne białe ptaki. Były to łabędzie.

– Och, jaka szkoda, że nie jestem taki jak one! – westchnął, widząc, jak z łopotem skrzydeł wzbijają się w górę. – Poczekam, może jeszcze wrócą...

sack [sæk]
worek

swans [swons]
łabędzie

go [gou]
iść

look [luk]
patrzeć

The days grew colder. One day he saw huge white birds swimming on the pond, not far from the shore. They were swans.

– Oh, what a pity that I am not like them! – he sighed, seeing how they fly into the sky with flutter of the wings. – I'll wait, maybe they'll come back…

pond [pond]
staw

nice [nais]
ładny

carry ['kæri]
nieść

fence [fens]
płot

Wkrótce zrobiło się całkiem zimno. Zziębniętego i głodnego malca znalazły dzieci i zabrały ze sobą. Gdy mieszkający w domu rudy kot ujrzał kaczątko, postanowił na nie zapolować. Biedny ptak znów musiał uciekać.

worm [wəː(r)m]
robak

chimney [ˈtʃimni]
komin

black and white
[ˌblækənˈwait]
czarno-biały

chestnuts [ˈtʃesnʌts]
kasztany

Soon it became quite cold. Cold and hungry duckling was found by the children, who took him with them.

When a red cat living at home saw the duckling, he decided to hunt him.

Poor bird had to flee again.

blow [blou]
dmuchać

fall down [fo:l daun]
spadać

farmyard [fa:(r)mja:(r)d]
podwórko

autumn [ʹo:təm]
jesień

Wreszcie nadeszła wiosna i zazieleniły się trawy. Nad staw powróciły łabędzie. Kaczątko zapragnęło przyjrzeć im się z bliska.

– Ależ ty jesteś piękny! Chodź do nas! – zawołały na jego widok.

Zawstydzony ptak opuścił głowę. Jakież było jednak jego zdumienie, gdy zobaczył swoje odbicie w wodzie. On także był wspaniałym, śnieżnobiałym łabędziem! Mieszkańcy rodzinnego podwórka mogli mu teraz tylko zazdrościć.

big [big]
duży

small [smɔːl]
mały

beautiful [ˈbjuːtifəl]
piękny

snow-white [snouˈwait]
śnieżnobiały

At last spring came and grass turned green.
Swans returned to the pond. The duckling wanted
to take a close look at them.
– How beautiful you are! Come to us! – they called
at the sight of him.
Ashamed, the bird lowered his head. How big was
though his surprise, when he saw his own image in
the water. He was the great snow-white swan, too!
Inhabitants of the farmyard could only
envy him.

grow [grou]
rosnąć

spring [spriŋ]
wiosna

poisonous ['poizənəs]
trujący

family ['fæmili]
rodzina

Czerwony Kapturek

Dawno, dawno temu żyła sobie dziewczynka
nazywana Czerwonym Kapturkiem. Często
razem z mamą odwiedzała babcię, która
mieszkała w małej chatce za lasem. Jednak
pewnego dnia mama była bardzo zajęta
i dziewczynka musiała sama pójść do babci.
   Staruszka źle się czuła – trzeba było jej zanieść
lekarstwa, chleb i owoce.

peach [piːtʃ]
brzoskwinia

orange [ˈorindʒ]
pomarańcza

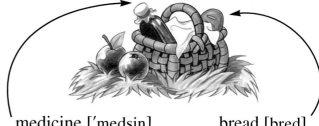
medicine [ˈmedsin]
lekarstwo

bread [bred]
chleb

Little Red Riding Hood

Once upon a time there lived a girl called Little Red Riding Hood. Together with her mother, she often visited her grandmother, who lived in a small cottage out in the woods. One day her mother was very busy, so the girl had to go to her grandmother alone. The old woman was ill and it was necessary to bring her medicine, bread and fruits.

well [wel]
studnia

visit ['vizit]
odwiedzać

apron ['eiprən]
fartuszek

daughter ['dɔːtə(r)]
córka

Mama ostrzegała córeczkę, żeby nie schodziła
z leśnej ścieżki. Ale dziewczynka postanowiła
zanieść chorej babci bukiet kwiatów i zrywając
je to tu, to tam, zawędrowała
w głąb lasu.

hood [hud]
kaptur(ek)

dress [dres]
sukienka

cone [koun]
szyszka

stump [stʌmp]
pień

Mother warned her daughter not to leave the path.
But the girl decided to bring to her sick grandmother
a bouquet of flowers, and picking them here
and there she was going further
and further into the woods.

branch [braːntʃ]
gałązka

forest ['forist]
las

few [fjuː]
mało

hand [hænd]
dłoń

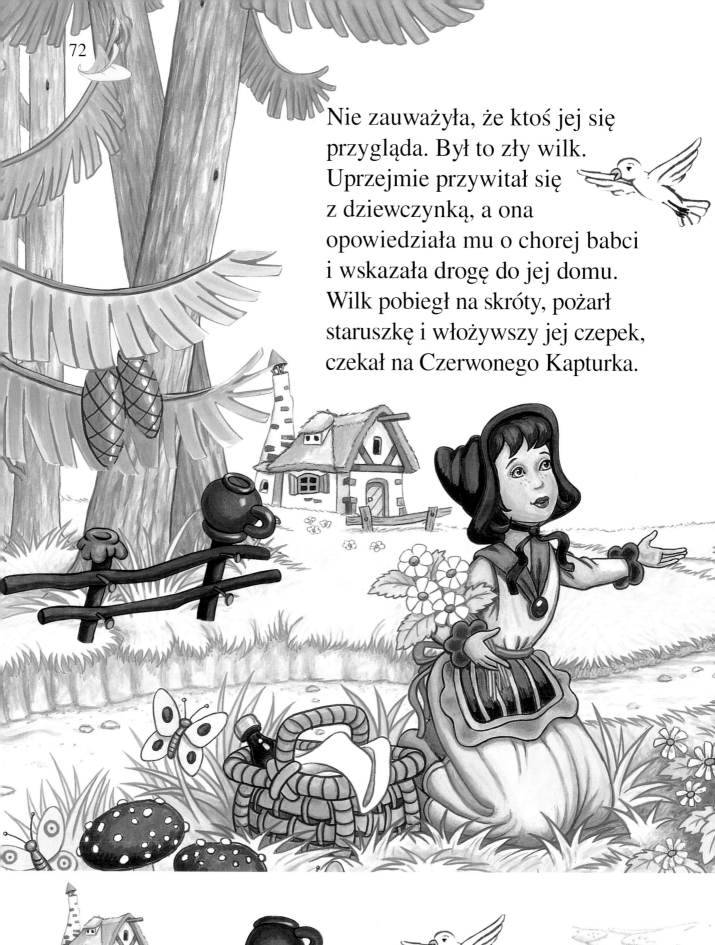

Nie zauważyła, że ktoś jej się przygląda. Był to zły wilk. Uprzejmie przywitał się z dziewczynką, a ona opowiedziała mu o chorej babci i wskazała drogę do jej domu. Wilk pobiegł na skróty, pożarł staruszkę i włożywszy jej czepek, czekał na Czerwonego Kapturka.

cottage ['kotidʒ]
chatka

pot [pot]
garnek

bird [bəː(r)d]
ptak

road [roud]
droga

She did not notice that someone was watching her. It was a bad wolf. He greeted the girl politely and she told him about her ill grandmother and showed him the way to her house. The wolf ran, taking the shortest path, ate the old woman up, then he dressed himself in her cap and waited for Little Red Riding Hood.

wolf [wulf]
wilk

stick [stik]
kij

far [faː(r)]
daleko

near [niə(r)]
blisko

– Babciu, dlaczego masz takie wielkie uszy? –
zdziwiła się dziewczynka, gdy weszła do chatki
i zobaczyła babcię.

– Żeby cię lepiej słyszeć.

– A dlaczego masz takie wielkie oczy?

– Żeby cię lepiej widzieć.

– A dlaczego masz takie wielkie zęby?

– Żeby cię zjeść! – odpowiedział
wilk i wyskoczył z łóżka,
żeby połknąć Czerwonego
Kapturka.

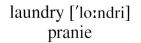
laundry ['lɔːndri]
pranie

spoon [spuːn]
łyżka

thermometer
[θə(r)'momitə(r)]
termometr

floor [flɔːr]
podłoga

The girl was surprised when she entered the cottage and saw her grandmother.

– Grandmother, why have you such big ears?

– All the better to hear you with.

– And why have you such big eyes?

– All the better to see you with.

– And why have you such big teeth?

– All the better to eat you with! – answered the wolf and jumped out of the bed to swallow up Little Red Riding Hood.

raspberries ['ræzberiz]
maliny

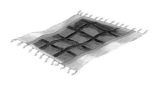
carpet ['ka:(r)pit]
dywan

bottle ['botəl]
butelka

bed [bed]
łóżko

Na szczęście dziewczynce udało się uciec. Pobiegła po leśniczego, który zabił wilka i uwolnił babcię.

Babcia i wnuczka dziękowały dzielnemu leśniczemu za ocalenie. Radości wszystkich nie było końca.

closed [klouzəd]
zamknięte

open ['oupən]
otwarte

granddaughter
['grændɔːtə(r)]
wnuczka

grandmother
['grænmʌðə(r)]
babcia

Fortunately the girl managed to escape. She ran to a forester. The forester killed the wolf and set the grandmother free.
The grandmother and the granddaughter thanked the brave forester for the rescue. There was no end to their joy.

happy [ˈhæpi]
szczęśliwi

full [ful]
pełny

empty [ˈempti]
pusty

forester [ˈforistə(r)]
leśniczy

Czterej muzykanci z Bremy

W pewnej wiosce żył młynarz, który miał bardzo mądrego osła. Biedny kłapouch od świtu do nocy ciężko pracował, a gdy się zestarzał, niewdzięczny gospodarz postanowił się go pozbyć.

– Idź precz, darmozjadzie! – wykrzyknął. – Nie ma z ciebie żadnego pożytku. Nieszczęsny osioł zwiesił smętnie głowę. Wtem przypomniał sobie, że nadal ma donośny głos.

– Zostanę muzykantem! – zaryczał radośnie i pokłusował w stronę miasta Bremy.

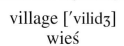

village ['vilidʒ]
wieś

town [taun]
miasto

suspenders
[sə'spende(r)s]
szelki

sock [sok]
skarpetka

The Bremen Town Musicians

In a certain village there lived a miller who had a very clever donkey. The poor donkey was working very hard from dawn till dusk but when he grew old the ungrateful man decided to get rid of him.

– Go away, you sponger! – he cried out. – You are of no use to me anymore.

The poor donkey lowered his head sadly. Then he recalled that still he had a loud voice.

– I will become a town musician! – he brayed joyfully and trotted towards Bremen.

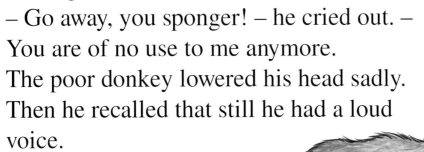

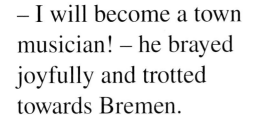

shirt [ʃəː(r)t]
koszula

finger ['fiŋgə(r)]
palec

donkey ['doŋki]
osioł

man [mæn]
mężczyzna

Nie uszedł daleko, gdy nagle ujrzał w przydrożnym rowie psa.

– Stary już jestem i nie nadaję się do polowań, więc nikt mnie nie chce – wył biedak niemiłosiernie.

– Nie martw się, przyjacielu – pocieszył go osioł. – Podobnie jak ja masz przecież całkiem niezły głos. Stworzymy świetny duet! Pies zgodził się i razem powędrowali do Bremy.

Na skraju pastwiska spotkali kota. Był brudny i wychudzony.

– Co ci się stało? – zapytał osioł.

– Jestem już stary, węch mi się stępił i często nie widzę, jak myszy harcują pod moim nosem. Gospodyni zdenerwowała się i wyrzuciła mnie z domu – skarżył się kot.

ask [aːsk]
pytać

eye [ai]
oko

dog [dog]
pies

bark [baː(r)k]
szczekać

He did not travel far, when suddenly he saw a dog
in a roadside ditch.
– I am already old and I can no longer go hunting,
so nobody wants me – the poor dog howled awfully.
– Don't you worry, my friend – the donkey comforted
him. – Just like me, you have quite a good voice.
We'll make together a fine duet!
The dog agreed and they walked together to Bremen.
At the verge of a pasture they met a cat. He was
dirty and emaciated.
– What happened to you? – the donkey asked.
– I am already old, my sense of smell weakened and
often I do not see how mice play under my nose.
The landlady got nervous and threw me out of the
house – the cat complained.

animal ['æniməl]
zwierzę

ear [iə(r)]
ucho

cat [kæt]
kot

meow [mi'au]
miauczeć

– Chodź z nami. W Bremie chętnie posłuchają kociej muzyki.

Kot bez wahania przystał na ich propozycję i wszyscy razem ruszyli dalej.

Gdy mijali wiejską zagrodę, usłyszeli przeraźliwe pianie koguta.

– Ale masz donośny głos! – zaszczekał pies.

– Gospodyni chce ze mnie ugotować rosół na niedzielę – piał smutno kogut.

– Zostań muzykantem – doradził mu osioł.

I kogut przyłączył się do nich.

Wkrótce zapadła noc. Do miasta było jeszcze daleko, więc postanowili ułożyć się na spoczynek pod pobliskim dębem.

crow [krou]
piać

rooster ['ruːstə(r)]
kogut

friends [frendz]
przyjaciele

striped [straipt]
w paski

After a short consultation the dog climbed the donkey's back, the cat climbed the dog's and the rooster the cat's. At a signal they started a terrible concert – the donkey was braying, the dog barking, the cat meowing and the rooster crowing, with all their might. When the bandits heard this, they fled screaming. They thought that their home has been hunted by ghosts.

From now on the four musicians live happy in this cottage. Nobody disturbs their peace. From time to time they invite neighbours to their concerts.

rope [roup]
sznur

onion [ˈʌnjən]
cebula

four [foːr]
cztery

concert [ˈkonsə(r)t]
koncert

Dziewczynka z zapałkami

Historia ta wydarzyła się ostatniego dnia starego roku. Ulicami pewnego wielkiego miasta wędrowała ubrana w łachmany dziewczynka. Jej rodzice byli bardzo ubodzy, a ojciec w dodatku stracił pracę, zarabiała więc na kawałek chleba, sprzedając zapałki. Było mroźno i sypał gęsty śnieg. Otuleni w ciepłe futra przechodnie mijali ją obojętnie. Niestety, nikt nie potrzebował zapałek.

snow [snou]
śnieg

sell [sel]
sprzedawać

matches [mætʃəz]
zapałki

pocket ['pokit]
kieszeń

The Little Match-Seller

These events took place on the last day of the old year. Poor little girl, dressed in old worn-out clothes roamed the streets of a big town. Her parents were very poor and her father lost his job, so she was earning her bread selling matches. It was freezing and heavy snow was falling. People walking by, wrapped in warm furs, were passing her indifferently. Unfortunately nobody needed matches.

glove [glʌv]
rękawiczka

patch [pætʃ]
łata

cloak [klouk]
peleryna

lock [lok]
zamek (w drzwiach)

Wieczorem zmęczona dziewczynka schowała się za załomem muru i zapaliła jedną zapałkę, żeby ogrzać zmarznięte dłonie. Przymknęła na moment oczy, a gdy je ponownie otworzyła, ujrzała wielki kominek, w którym wesoło płonął ogień.
– Och, jak cudownie – szepnęła z zachwytem, zbliżając drobne rączki do płomienia.
W tej samej chwili jednak nagły podmuch wiatru zgasił zapałkę i czar prysnął.

warm [woː(r)m]
ogrzać

burning [ˈbəː(r)niŋ]
płonący

flame [fleim]
płomień

go out [gɔu aut]
zgasiąć

In the evening, tired, the girl hid herself in
a corner between two houses and stroke a match
to warm her cold hands. She closed her eyes
for a while and when she opened
them again, she saw a huge
fireplace with fire burning
cheerfully.
– Oh, how beautiful –
she whispered with delight,
bringing her little hands closer
to the flame.
Then because of a sudden gust
the match went out and the magic
was gone.

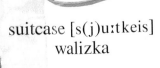

fireplace [ˈfaiərpleis]
kominek

wood [wud]
drewno

fire [ˈfaiə(r)]
ogień

suitcase [s(j)uːtkeis]
walizka

Dziewczynka była znowu na zimnym chodniku. Obok leżała wypalona zapałka.

– Biedactwo! – przystanął ktoś na moment, ale zaraz ruszył dalej.

Wokoło hulał wicher, mała handlarka wyciągnęła więc drugą zapałkę. Wkrótce nikły płomień rozświetlił ścianę pobliskiej kamienicy, która nagle stała się przezroczysta.

street [striːt]
ulica

street-lamp [striːtlæmp]
latarnia uliczna

cold [kould]
zimno

pass [paːs]
mijać

chair [tʃeə(r)] – krzesło
chest [tʃest] – skrzynia
chestnuts [ˈtʃesnʌts] – kasztany
chimney [ˈtʃimni] – komin
Christmas [ˈkrisməs] – Boże Narodzenie
Christmas tree [ˈkrisməs triː] – choinka
claws [kloːz] – pazury
clean [kliːn] – sprzątać
cloak [klouk] – peleryna
closed [klouzəd] – zamknięte
cloud [klaud] – chmura
coachman [ˈkəʊtʃmən] – woźnica
coast [kəust] – brzeg
coat [kout] – płaszcz
cobweb [ˈkobweb] – pajęczyna
cold [kould] – zimno
concert [ˈkonsə(r)t] – koncert
cone [koun] – szyszka
cottage [ˈkotidʒ] – chatka
crow [krou] – piać
crown [kraun] – korona
cry [krai] – płakać
D
dark [daːk] – ciemno
daughter [ˈdoːtə(r)] – córka
dog [dog] – pies
donkey [ˈdoŋki] – osioł
door [doːr] – drzwi
dot [dot] – kropka
dress [dres] – sukienka
duck [dʌk] – kaczka
duckling [ˈdʌkliŋ] – kaczątko
E
ear [iə(r)] – ucho
egg [eg] – jajko
elixir [ˈɪlɪksə(r)] – eliksir
empty [ˈempti] – pusty
eye [ai] – oko
F
face [feis] – twarz
fall down [foːl daun] – spadać
family [ˈfæmili] – rodzina
far [faː(r)] – daleko
farmyard [faː(r)mjaː(r)d] – podwórko
fear [fɪə] – strach
feather [ˈfeðə(r)] – pióro
fence [fens] – płot
fern [fəːn] – paproć
few [fjuː] – mało
finger [ˈfiŋgə(r)] – palec
fire [ˈfaiə(r)] – ogień
fireplace [ˈfaiərpleis] – kominek
fireworks [ˈfaiəwəːkz] – sztuczne ognie
fish [fɪʃ] – ryba
fishing net [ˈfɪʃɪŋ net] – sieć rybacka
five [faiv] – pięć
flag [flæg] – flaga

flame [fleim] – płomień
floor [floːr] – podłoga
flower [ˈflauə(r)] – kwiat
fly [flai] – latać
forest [ˈforist] – las
forester [ˈforistə(r)] – leśniczy
fountain [ˈfauntɪn] – fontanna
four [foːr] – cztery
freeze [friːz] – zamarzać
friendly [ˈfrendli] – przyjazny
friends [frendz] – przyjaciele
frog [frog] – żaba
full [ful] – pełny
G
garlic [ˈgaːlɪk] – czosnek
gate [geit] – brama
girl [gəː(r)l] – dziewczynka
glass ball [ˈglaːs boːl] – bombka
glasses [glaːsəz] – okulary
glove [glʌv] – rękawiczka
go [gou] – iść
gold coins [ˈgəuld koɪnz] – złote monety
goose [guːs] – gęś
go out [gou aut] – zgasnąć
granddaughter [ˈgrændoːtə(r)] – wnuczk
grandmother [ˈgrænmʌðə(r)] – babci
grass [graːs] – trawa
green [griːn] – zielony
grey [grei] – szary
ground [graund] – ziem
grow [grou] – rosnąć
gutter [ˈgʌtə(r)] – ry
H
hair [heə(r)] – w
hand [hænd] –
hang [hæŋ] –
happy [ˈhær
hat [hæt] –
heart [ha
help [h
high [
hold [
hood
horn
hors
hoi
hu
I
i

K
keys [kiːs] – klucze
kiss [kɪs] – całować
knee [niː] – kolano
knife [naɪf] – nóż

L
lamp [læmp] – lampa
lantern [ˈlæntən] – latarnia
laundry [ˈloːndri] – pranie
leaf [liːf] – liść
letter box [ˈletə(r) boks] – skrzynka na listy
lid [lɪd] – pokrywka
lips [lɪpz] – usta
little house [ˈlɪtl haus] – chatka
lock [lok] – zamek (w drzwiach)
lock up [lok ʌp] – zamknąć
look [luk] – patrzeć
long [loŋ] – długie
low [lou] – niski

M
magic wand [ˈmædʒɪk wond] – czarodziejska różdżka
[mæn] – mężczyzna
[paːst] – maszt
[mætʃəz] – zapałki
[lou] – łąka
[ɪn] – lekarstwo
czeć
renka

paper [ˈpeɪpə(r)] – papier
pass [paːs] – mijać
patch [pætʃ] – łata
pavement [ˈpeivmənt] – chodnik
peach [piːtʃ] – brzoskwinia
pearl [pəːl] – perła
pebble [ˈpebl] – kamyk
peg [peg] – kołek
petal [petl] – płatek
piece [piːs] – kawałek
pimples [ˈpɪmplz] – krosty
pinafore [ˈpɪnəfoː(r)] – fartuszek
pink [pɪŋk] – różowy
plait [plæt] – warkocz
plant [plaːnt] – roślina
play cards [plei kaː(r)dz] – grać w karty
pocket [ˈpokit] – kieszeń
poisonous [ˈpoizənəs] – trujący
pond [pond] – staw
pot [pot] – garnek
present [ˈprezənt] – prezent
prince [prɪns] – książe
princess [prɪnˈses] – królewna
prison [ˈprɪzn] – więzienie
purple [ˈpəːpl] – fioletowy
push [puʃ] – pchać

Q
quillpen [kwɪl pen] – gęsie pióro
queen [kwiːn] – królowa

R
raspberries [ˈræzberiz] – maliny
raven [ˈreɪvən] – kruk
read [riːd] – czytać
red [red] – czerwony
reflection [rɪˈflekʃən] – odbicie
reindeer [ˈreɪndɪə(r)] – renifer
reins [reɪns] – lejce
ribbon [ˈribən] – wstążka
river [ˈrivə(r)] – rzeka
road [roud] – droga
rock [rok] – skała
roof [ruːf] – dach
roof tile [ruːf taɪl] – dachówka
rooster [ˈruːstə(r)] – kogut
roots [roːts] – korzenie
rope [roup] – sznur
rudder [rʌdə(r)] – ster
runner [ˈrʌnər] – płozy
[rʌn] – biec
away [rʌn əˈweɪ] – uciekać

k [sæk] – worek
[sæd] – smutny
le [ˈsædl] – siodło
[seɪl] – żagiel
[sænd] – piasek

scarf [skɑː(r)f] – szal
scissors [ˈsizərz] – nożyczki
sea horse [si hoːs] – konik morski
seaweed [ˈsiːwiːd] – wodorosty
seeds [siːdz] – nasiona
sell [sel] – sprzedawać
shawl [ʃoːl] – chusta
shell [ʃel] – muszla
shield [ʃild] – tarcza
shine [ʃain] – świecić
ship [ʃip] – statek
shirt [ʃəː(r)t] – koszula
shovel [ˈʃʌvl] – łopata
show [ʃəu] – wskazywać
shred [ʃred] – strzępy
siblings [ˈsiblinz] – rodzeństwo
sing [siŋ] – śpiewać
sit [sit] – siedzieć
sky [skai] – niebo
sledge [sledʒ] – sanki
sleep [sliːp] – spać
sleigh [slei] – sanie
small [smoːl] – mały
smile [smail] – uśmiechać się
snail [sneil] – ślimak
snow [snou] – śnieg
snowdrift [snoudrift] – zaspa śnieżna
snow-white [snouˈwait] – śnieżnobiały
sock [sok] – skarpetka
speak [spiːk] – mówić
spoon [spuːn] – łyżka
spots [spots] – kropki
spotted [spotəd] – w łaty
spring [spriŋ] – wiosna
square [skweə(r)] – plac
stairs [steərz] – schody
stalk [stoːk] – łodyga
stand [stænd] – stać
star [stɑː(r)] – gwiazda
starfish [ˈstɑːfiʃ] – rozgwiazda
stick [stik] – kij
stone [stoun] – kamień
stove [stəuv] – piec
straw [stroː] – słoma
street [striːt] – ulica
street-lamp [striːtlæmp] – latarnia uliczna
striped [straipt] – w paski
stump [stʌmp] – pień
suitcase [s(j)uːtkeis] – walizka
suspenders [səˈspende(r)s] – szelki
swallow [ˈswolou] – jaskółka
swans [swons] – łabędzie
sword [soː(r)d] – miecz

T
table [ˈteibl] – stolik
tail [teil] – ogon
take care [teik keə(r)] – opiekować się
talk [toːk] – rozmawiać
thermometer [θə(r)ˈmomitə(r)] – termometr
three [θriː] – trzy
throne [θrəun] – tron
tooth [tuːθ] – ząb
tower [ˈtauə(r)] – wieża
town [taun] – miasto
travel [ˈtrævl] – podróżować
treasure [ˈtreʒə(r)] – skarb
tree [triː] – drzewo
trunk [trʌŋk] – pień
tub [tʌb] – balia
two [tuː] – dwa
U
umbrella [ʌmˈbrelə] – parasol
unconscious [ʌn ˈkonʃəs] – nieprzytomny
V
vase [vɑːz] – wazon
village [ˈvilidʒ] – wieś
visit [ˈvizit] – odwiedzać
W
waistcoat [ˈweis(t)kəut] – kamizelka
wait [weit] – czekać
walk [wɔk] – chodzić
wall [woːl] – ściana
warm [woː(r)m] – ogrzać
warn [woː(r)n] – ostrzegać
water [ˈwoːtə(r)] – woda
wave [weiv] – fala
wax [wæks] – wosk
well [wel] – studnia
wet [wet] – mokre
wheel [wiːl] – koło
whipped-cream [wipt kriːm] – bita śmietana
white [wait] – biały
wicket [ˈwikit] – furtka
windmill [ˈwin(d)mil] – wiatrak
window [ˈwindou] – okno
wing [wiŋ] – skrzydło
winter [ˈwintə(r)] – zima
witch [witʃ] – wiedźma
wolf [wulf] – wilk
wood [wud] – drewno
woodcutter [ˈwudkʌtə(r)] – drwal
worm [wəː(r)m] – robak
wreck [rek] – wrak
write [rait] – pisać
Y
yellow [ˈjelou] – żółty

Spis tresci